www.ingramcontent.com/pod-product-compliance
Lightning Source LLC
Chambersburg PA
CBHW070106080526
44586CB00013B/1202
9781987869545